un ÁNGEL
PRESTADO

Sanando el **corazón** después de
perder un hijo

Tahimy Peña Oliva

Rafael D. Tamayo Olivé

Título: UN ÁNGEL PRESTADO
Sub Titulo: Sanando el corazón después de perder un hijo

Dimensión: 124 p.; 13,97 x 21,59 cm

ISBN: 9798305490398

Edición, diseño y diagramación:
Escuela de Autores
Fort Myers, Florida, 33905, U.S.A.
info@escueladeautores.com
© 13057078850
☎ (305)707-8850

DEDICATORIA

Dedico este libro a nuestro Dios todopoderoso, quien nos ha dado, nos da y seguirá dándonos fortaleza en todo momento.

A la abuela Loida, quien, incluso en los últimos momentos de la vida de Elón, supo recordarle verdades eternas que lo llevaron a tomar la mejor decisión de su vida: seguir a Cristo.

A todas las personas que han perdido a un ser querido, para que encuentren ánimo, aliento y fortaleza; y, en lugar de enfocarse en la tristeza de la muerte, valoren el hermoso regalo de la vida.

AGRADECIMIENTOS

«No a nosotros, oh, Jehová, no a nosotros, sino a tu Nombre da gloria...».

(Salmo 115:1ª)

En primer lugar, agradecemos a nuestro Dios por la bendición de habernos permitido disfrutar de nuestro hijo Elón durante once preciosos años.

A todos los hermanos que nos han apoyado con sus oraciones.

A quienes nos han criticado, porque sus observaciones han contribuido a mejorar nuestra perspectiva.

A la familia Gámez, por estar a nuestro lado e informar de lo sucedido a la Convención, a los pastores y a la congregación. ¡Muchas gracias!

A la Convención Bautista de Cuba Oriental, por acompañarnos y brindarnos apoyo con su presencia en este momento tan difícil para nuestra familia.

A los pastores que dejaron sus congregaciones para estar con nosotros.

A todos los hermanos de diversas denominaciones que nos acompañaron. El número de consiervos presentes fue tan grande que resulta imposible mencionarlos individualmente. ¡Muchas gracias!

Al fabuloso equipo de redacción que Dios me proveyó. Ustedes han hecho posible la realización de este libro, un sueño largamente anhelado por nuestra familia. En Cuba: Dayamí, Junior y Juan Pablo. En Estados Unidos: Débora Cornell, Loida Cornell y ZwSalgado.

A la Escuela de Autores, especialmente al profesor Carlos Aparcedo y su equipo de trabajo. Todos ustedes han hecho realidad este sueño, y pido al Señor que recompense su labor de amor.

Y a ti, querido lector; deseamos ser de bendición en el nombre de nuestro Señor Jesucristo. Oramos para que, a través de estas páginas, Él pueda proveer consuelo y encuentres esa paz que supera todo entendimiento.

ÍNDICE

Capítulo 4

INTRODUCCIÓN

Quiera Dios que seamos un instrumento, como una espada afilada, capaz de penetrar en tu corazón y obrar el milagro de una verdadera y gloriosa transformación. Que podamos mitigar o calmar cualquier dolor que cargues; cambiar la tristeza en gozo y convertir tus batallas en victorias. Si logramos esto, nos sentiríamos realizados, aunque no del todo, porque:

«Así también vosotros, cuando hayáis hecho todo lo que os ha sido ordenado, decid: Siervos inútiles somos, pues lo que debíamos hacer, hicimos».

(Lucas 17:10)

Anhelamos ser colaboradores, como lápices en las manos del Gran Escritor de la historia. Quizás Él haya puesto este libro en tus manos para darle colorido a tu vida y, al mismo tiempo, hacerte partícipe. Deseamos que, con tus propios matices, puedas ser usado como protagonista, como un pincel en las manos del Artista, el gran Pintor de la humanidad.

Cada batalla es única; y nosotros con las nuestras y tú con las tuyas, compartimos una misma promesa de victoria. ¡Podemos vencer!

«Todo lo puedo en Cristo que me fortalece».

¡Anímate, tú puedes!

Autor: **Rafael Tamayo Olive**

Capítulo 1

PEQUEÑOS DIAMANTES

He titulado este capítulo «Pequeños diamantes» porque deseo compartir contigo algunos destellos de la vida de nuestro hijo Elón. Esos episodios son como piedras preciosas que Dios nos prestó, y espero que, de alguna manera, te ayuden a conocer nuestra historia.

Corría el año 1992, y los pronósticos médicos eran pesimistas. Mi delicada salud desalentaba el proyecto de tener hijos. Por entonces, una pareja amiga acababa de tener a su bebita, y todos comentaban: *«¡Qué parecida es a su papá!»*. Sentí una profunda nostalgia en mi corazón, pues los médicos me habían dicho que era poco probable que pudiera dar a luz. Pensaba que nunca podría darle a Rafael esa alegría. Por primera vez, dirigí una petición a mi Padre Celestial: «Dios, si me dieras un hijo, te pido que se parezca a su papá».

El 18 de marzo de 1993, en Las Tunas, Cuba, Dios respondió a mi oración con la llegada de Elón Tamayo Peña. Era precioso y grande: ¡pesaba ocho libras con catorce onzas, y se parecía a su papá! Cuánto agradecí al Señor por ese niño...

Elón fue un milagro de Dios en todos los sentidos. Al nacer, presentó sufrimiento fetal debido a la presencia de cuatro cruces de meconio. Mientras tanto, el personal médico corría de un lado a otro atendiendo a otras madres en situaciones críticas. Entonces puse las manos sobre mi vientre y oré: «Padre, si este niño va a ser para ti, haz que nazca. Quiero tener la certeza de que te pertenecerá por completo».

Mi querida amiga Lidia no se apartó de mi lado. Después del parto, lloraba al recordar lo difícil que había sido, pero también lo bien que Dios nos había cuidado a ambos.

Cuando salimos del hospital, ya en casa, volví a orar: *«Señor, desde hoy te pido por la esposa de Elón. Quiero que lo ame tanto como yo amo a Rafa.*

Guárdalo puro y limpio para ti y para la esposa que le vas a dar; guárdala a ella también».

Diez meses después de su nacimiento, mientras estaba frente a su cuna, abracé a mi esposo y le compartí mi deseo de tener otro bebé. ¡Qué sorpresa fue saber, menos de una semana después, que ya estaba esperando a nuestro segundo hijo! La promesa de Isaías 65:24 se cumplió en mi vida: «Y antes que clamen, responderé yo; mientras aún hablan, yo habré oído». A nuestro segundo hijo lo llamamos Isaí.

Elón significa *«Hombre de Dios»* e Isaí *«Siervo de Dios».* Inmenso era el gozo de mi corazón al verlos crecer traviesos e inquietos. Nuestra vida estaba llena de alegría y vitalidad.

Nuestro primer campo misionero comenzó en 1992, en la iglesia Betel, la primera de muchas que pastoreamos. Rafael era el pastor principal, y yo lo apoyaba manteniéndome a su lado. La iglesia estaba ubicada en el pueblo de Mandinga, en la zona de Baracoa, la región más oriental de Cuba.

Un día, un hermano de la iglesia llamó a Rafael. El hombre había encontrado a Elón en el templo, jugando con los adornos del árbol de Navidad. Rafa tomó a Elón en brazos y le explicó el significado de todo aquello. Usando palabras que el niño pudiera comprender, le narró desde el nacimiento hasta la muerte de Jesús. También le mencionó la importancia de entregar nuestro corazón al Señor. Ambos terminaron de rodillas, orando juntos. Con solo dos años, Elón entregó su corazón al Señor Jesús.

Pasado algunos meses, nos mudamos a Jibacoa, Manzanillo. Por entonces, Isaí tenía apenas cinco meses. Allí asistimos a dos iglesias, separadas por cinco kilómetros. Ese tiempo duró unos cinco años. Fue una época preciosa en la que vimos la mano de Dios en todo. Elón era un niño muy unido a su familia, que siempre decía: «*Mami, aunque pasemos trabajo, pero juntos*».

Isaí había nacido con las defensas bajas; era un bebé enfermizo. En cierta ocasión me encontraba monitoreando su respiración, y Elón se acercó a mí. Se paró a mi lado y, con una mirada suplicante, me dijo: «*¡Mami, mírame a mí también!*». En ese momento, sentí que Dios me habló. Comprendí que Elón también necesitaba cariño físico, abrazos y besos. A partir de ese día, cada uno tendría su espacio ganado en mi vida. Entonces les dije: «Desde hoy en adelante, cada uno tendrá una pierna y un brazo mío». Puedo decir con certeza que, desde muy pequeño, Elón me enseñó a ser una mejor madre.

Cuando tenía cinco años, lo encontré llorando grandes lágrimas. Alarmada, le pregunté:

—Mi amor, ¿qué te pasa?

Él respondió:

—Es que tú no me amas.

Sorprendida, le pregunté con preocupación:

—¿Qué te hace pensar eso?

—Porque no hablas conmigo —se lamentó.

Intenté explicarle:

—¡Claro que hablo contigo! Mira, lo estamos haciendo ahora.

Entonces su respuesta me desarmó:

—Sí, pero lo único que me dices es «Elón, ven a bañarte; Elón, ven a comer; Elón, no hagas eso». Eso es lo que tú hablas conmigo.

Sus palabras me dejaron sin argumentos. Comprendí que, aunque lo cuidaba, no estaba dedicando el tiempo suficiente a hablar con él y transmitirle cuánto lo amaba.

Le pedí perdón por haber descuidado algo tan importante. Oramos juntos, y él pidió a Dios que me ayudara a ser una mejor mamá. Cuando le pregunté si me perdonaba, respondió:

—Sí, mami, te perdono. Incluso las pastoras se equivocan.

Tuve que contener la risa ante su sinceridad. Le agradecí y, desde entonces, cada noche apartábamos un tiempo para conversar sobre cómo había sido su día. Además, programamos reuniones familiares, muchas veces sugeridas por él, en las que evaluábamos el comportamiento de la familia. En estas reuniones solíamos pedirnos perdón unos a otros por no haber sido sabios en determinadas situaciones.

Otra costumbre que implementamos en nuestro hogar fue no irse a la cama enojados. Rafael y yo les enseñamos: «*Si Cristo viene esta noche por nosotros, ¿qué le responderemos al llegar a su presencia?*». Por eso, todos los problemas debían resolverse antes de dormir. Esto dio sentido a las palabras de **Efesios 4:26-27: «Airaos, pero no pequéis; no se ponga el sol sobre vuestro enojo, ni deis lugar al diablo».**

A Elón le encantaba la Biblia; quería leerla tantas veces como su papá. Cuando noté que comenzaba a descuidar este hábito, decidí escribirle una carta como si se la hubiera enviado la Biblia misma.

Elón e Isaí amaban las sorpresas. Algo que solíamos hacer era despertarlos con un pequeño regalo. Podía ser una goma de borrar, un lápiz, un marcador o incluso fotos de ellos enmarcadas con textos bíblicos. En esta oportunidad, la sorpresa para Elón fue una carta de parte de su Biblia, que decía algo así:

«Elón, estoy triste contigo, porque siento que ya no me amas como antes; ya no me lees como solías hacerlo.

Quisiera que supieras cuántas cosas lindas tengo para ti. Por favor, vuélveme a leer. Te amo mucho. Tu Biblia».

Al despertar, me dijo:

—Mami, ¿tú crees que soy tonto? La Biblia no puede escribir eso. ¡Fuiste tú!

—Si ella pudiera escribirte una carta, seguramente se parecería a la que tienes en las manos —respondí.

Dios obró a través de la carta, y Elón retomó la lectura de su Biblia con tanto entusiasmo que incluso le pidió a su papá que le comprara un reloj despertador para levantarse una hora antes de lo acostumbrado. Quería leer la Biblia y orar al comenzar el día. Si no había leído en la mañana, durante el almuerzo nos decía: «No puedo comer lo material hasta que me haya alimentado de lo espiritual».

Elón deseaba ser como su papá, un apasionado de la Palabra de Dios. Nunca dejaba de preguntarle cuántas veces había leído la Biblia completa; quería alcanzarlo, al menos leyendo el Nuevo Testamento. Antes de partir al cielo, logró leer el Nuevo Testamento cuatro veces. Sus libros favoritos eran Romanos y Apocalipsis.

Éramos una familia feliz. Compartíamos la vida en armonía, jugando y disfrutando juntos. Las ocurrencias de Elón, llenas de creatividad, mantenían el gozo en nuestro hogar. Cuando él y su hermano estaban inquietos y yo les reclamaba, Elón respondía con vivacidad:

—¡Así fue como tú nos pediste!

Y ante estas palabras, yo contestaba:

—Se me fue la mano.

Elón era un niño completamente normal. Jugaba béisbol, se fajaba con otros niños y se divertía con su hermanito. Como toda criatura, a veces debía ser regañado, pero con frecuencia pedía perdón por sus errores sin la necesidad de que alguien se lo exigiera.

También fue idea de Elón que, al despertar, el saludo fuera: «*Señor, te amo. Papi, te amo. Mami, te amo. Isaí, te amo*». Cada uno debía seguir esa misma fórmula, respetando su orden de prioridad. Eso sí, todos teníamos que empezar poniendo al Señor en primer lugar.

Elón era un niño generoso. Por ejemplo, de las cuatro galletas que le daban en la merienda escolar, siempre llevaba tres a casa: una para su papi, otra para mí y la tercera para Isaí. Siempre se aseguraba de traer la galleta de su hermanito para que yo no tuviera que darle la mía y quedarme sin nada. Incluso cuando viajábamos con su papá, al regresar nos tenía guardadas las galletas en su mochila. Aunque ya estaban hechas picadillo, para él seguían siendo nuestras, y las consideraba sagradas. Por eso dijo Jesús:

«De cierto os digo que, si no os volvéis y os hacéis como niños, no entraréis en el reino de los cielos»

(Mateo 18:3).

Recuerdo una ocasión especial. Después de dormirlos y orar por nuestros hijos, me quedé sentada en una silla, observándolos mientras descansaban. En ese momento sentí que el Señor me hablaba, diciéndome:

—Tahimy, ellos no son malos. Son los mejores hijos del mundo, a pesar del poco tiempo que ustedes les dedican.

Aquellas palabras llenaron mi corazón. De inmediato tomé un papel y comencé a dibujar un diploma para cada uno. Cuando mi esposo se enteró de lo que estaba haciendo, me dijo:

—Si lo vamos a hacer, hagámoslo bien, con la impresora de casa y hojas de color.

Y así lo hicimos. Imprimimos los diplomas y los colocamos cerca de la litera donde dormían. Como la pared que dividía los dormitorios era de saco, los pusimos en la parte superior del marco. Al día siguiente, Elón, que fue el primero en despertar, los vio y dijo emocionado a su hermano:

—¡Mira lo que nos dejaron! ¡Dice que somos los mejores hijos del mundo, con lo mal que nos portamos!

Desde el otro cuarto, Rafa y yo escuchábamos la conversación, tratando de contener la risa.

Entonces Isaí respondió:

—Pues, ya sabes, no nos podemos pelear más porque nos quitan los diplomas.

Finalmente, no aguanté más y fui a su cuarto. Los abracé y les dije:

—Ese diploma nadie se los va a quitar.

Les conté que Dios me había inspirado a hacerlos y que, para nosotros, eran los mejores hijos del mundo. Rafa se unió a nosotros y les explicamos juntos que no éramos padres perfectos pero que ellos eran maravillosos. Los diplomas permanecieron en la pared hasta que nos mudamos de aquel lugar.

A los niños les encantaba evangelizar. Formaban un dúo perfecto: Isaí comenzaba y Elón continuaba. Recuerdo una ocasión en la que predicaron en un camión de pasajeros. Una muchacha terminó llorando, conmovida por el mensaje. No podía entender cómo niños tan pequeños podían estar tan convencidos de lo que hablaban.

Elón se encargaba de recoger a los niños del barrio y a sus compañeros de aula para llevarlos a la iglesia, a la

Escuela Dominical y a la **Hora Feliz**[1]. Si alguno faltaba, me decía:

—¿Ves, mami? El diablo lo tiene enredado. Si se muere se va para el infierno.

—Mi amor, hay que orar por ellos para que Dios los salve —le respondía.

Un día llegó llorando de la escuela porque el maestro me había mandado a buscar. Se habían peleado con Juancito, un compañero de clase. Le pedí que me contara la verdad de lo sucedido, asegurándole que confiaría en él. Entonces me relató con lujo de detalles lo ocurrido. Oramos juntos y fuimos a la escuela. Después de pedir permiso al maestro, hablé con los niños del aula, y luego con Elón y Juancito aparte. Tras reconciliarse, Elón le regaló una goma de olor, como «ofrenda de paz». Para su sorpresa, él recibió de manos de Juancito un anillo, que conservó durante mucho tiempo. El domingo siguiente se los vio juntos en la Escuela Dominical, y nunca más volvieron a pelear. Se

---

[1] **Hora feliz**: Es un culto hogareño de barrio en Cuba para niños; que se realiza fuera del área del templo.

convirtieron en grandes amigos. Amigos eternos, no tengo duda.

Elón era un niño muy honesto. Al llegar de la escuela, si sentía que había hecho algo malo, me decía:

—Si quieres pegarme, me pegas; si quieres regañarme, me regañas; si quieres castigarme, me castigas.

Siempre terminábamos nuestras conversaciones con un consejo y una oración. Un día, Isaí me comentó que su hermano había bailado en la escuela y no me lo había contado. Al verse descubierto, Elón exclamó:

—¡Chismoso!

Cuando le pregunté si era cierto, respondió que sí. Muy seria, le dije:

—Dios tiene un límite en su paciencia, y con Él no se juega.

Elón quedó pensativo; su rostro mostraba que la idea le daba vueltas. Cuando llegó su papá, le preguntó:

—Papi, ¿la paciencia de Dios tiene límites?

Después de conversar con su padre, hablamos juntos tomando como base el Salmo 1. Al llegar a la parte que menciona el tamo, me preguntó:

—¿Qué es el tamo?

Tras explicárselo, continuamos hasta terminar el pasaje. Luego, oró y pidió perdón al Señor, diciendo: «Padre, perdóname por lo que hice. Ayúdame a no ser como el tamo, sino como el árbol plantado junto a corrientes de agua, para dar el fruto de tu Espíritu».

En otra ocasión, me sorprendió que no quisiera ir a la escuela, ya que le encantaba estudiar. Al preguntarle sobre la razón para ausentarse, me respondió:

—No quiero caer en tentación, porque esta tarde van a dar una fiestecita en el aula.

Una vez, una joven visitó nuestra casa y comentó que no aceptaba a Jesús porque le gustaba mucho bailar. Intentamos convencerla, explicándole que en algunas iglesias se baila para Cristo, y que no estaba mal danzar para el Señor. Mientras hablábamos, Elón estaba atento, con sus «radares activados». Cuando la muchacha se fue, comenzó a imitar el sonido de un teclado mientras bailaba. Al verlo, lo regañé fuertemente. Él, con picardía, respondió:

—Mami, estaba danzando para el Señor.

En nuestra pequeña casa, en Niquero, los niños dormían en literas: Isaí abajo y Elón arriba. Todas las noches los acompañaba para ayudarlos a dormir. En una de esas noches, Isaí me dijo preocupado:

—Mami, yo no voy a ir al cielo porque peleo mucho con mi hermano.

Entonces, de inmediato, Elón contestó:

—Pues yo sí voy a ir al cielo, porque he aceptado a Jesús como mi único Salvador. Ahora Dios no me ve por lo que hago o dejo de hacer; llegar al cielo es solo a través de Jesús. ¡Yo sí voy al cielo!

Elón era un niño muy aplicado en la escuela. No hacía falta decirle que estudiara o hiciera sus tareas; lo hacía por iniciativa propia. Era tan confiable que los profesores le encargaban el cuidado de los materiales de todos los alumnos del aula. También era muy celoso con sus cosas. Si su hermanito Isaí tocaba algo suyo, lo notaba de inmediato y decía:

—Mami, todo lo mío sé que será para Isaí, pero, por favor, ¡que lo deje quieto! ¡Tengo unas ganas de vivir en una casa bien grande donde él tenga su cuarto y yo el mío!

Le encantaban los animales. Una hermana de Las Coloradas, llamada Paquita, les regaló dos perritos: uno para él y otro para su hermano. Elón llamó Skan al macho, mientras que Isaí eligió el nombre para la hembra. Todo iba bien hasta que los cachorros comenzaron a hacer travesuras. Su papá les explicó que no podíamos tenerlos porque el patio de casa era el espacio que usábamos como templo para los cultos y reuniones.

Tras decidir regalarlos, los niños y yo lloramos mucho. Sabía cuánto significaban para ellos, así que les pedí a unos hermanos que vivían cerca que se quedaran con los cachorros. De esta manera, mis hijos podrían visitarlos cuando quisieran. Desde entonces, todo perro que ha vivido en casa de esos hermanos ha llevado el nombre de Skan, en honor al primer perrito de Elón.

Las preguntas de Elón solían sorprendernos, pero una de sus reflexiones me impactó profundamente. Un día lo vi en su camita, mirando el techo con una expresión de preocupación. Al preguntarle qué le sucedía, respondió:

—Mami, ¿te has puesto a pensar qué difícil es nuestra vida? No podemos tener gatos porque nos pueden hacer daño ni podemos tener perros porque no hay dónde criarlos. Tampoco podemos ir a las fiestas porque es pecado ni asistir a los carnavales porque no le agradan a Dios. Dime, mami, ¿cuándo nos van a decir que sí a algo?

Esa pregunta, tan profunda para su edad, me hizo reflexionar y tener una conversación con su papá. Decidimos aceptar un perro y buscar dónde criarlo. Así fue como llegó Pantera a nuestra casa, convirtiéndose en parte de la familia.

Elón cuidaba de Pantera con esmero. La subía al techo para evitar que cualquier perro, que no fuera el que él escogiera, se apareara con ella. Quería mejorar la raza, vender los cachorros y ayudar económicamente a su abuela Loida.

—Como ella está solita —decía—, yo tengo que hacerme cargo de mantenerla, aunque sea criando perros. Pero tienen que ser perros buenos.

Amaba a su abuela con delirio. Siempre me decía:

—Tú tienes a mi papá, a Isaí y a mí, pero ella está solita. Vamos a hacer algo: yo me voy un tiempo a vivir con la abuela para acompañarla, o la casamos con algún viejito de la iglesia.

Por supuesto, no aceptaba sus «propuestas». Y cuando algún supuesto enamorado de mi mamá se casaba con otra mujer, Elón le decía a su abuela:

—¡Viste, abuela! Por no hacerme caso, ahora otra vez estás sola.

Las despedidas entre ellos siempre eran con lágrimas. Esta es la última carta que Elón escribió a su abuela Loida:

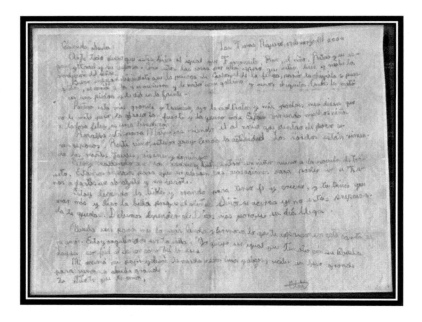

Las Tunas, Níquero, 17 de marzo de 2004.

Querida abuela:

Ante todo, deseo que estés bien, al igual que Fernandito, Rut, el niño, Rutica y su esposo e Israel y su esposa. ¿Cómo están las cosas por allá? Espero que todo esté bien y recibas la bendición del Señor.

Bueno, empezaré contándote que la puerca chiquita de Carlos, el de la finca, parió seis puerquitos; pero se comió dos y los otros cuatro murieron. También mató una gallina y unos pollitos. Entonces Carlos la mató con una piedra en la frente.

Pantera está más grande y traviesa. Yo la maltrato, y mis padres me dicen que no le meta, pero la abrazo tan fuerte y la quiero más.

Están viniendo muchos niños a la Hora Feliz, es una bendición. Rosalba está para Matanzas viendo al novio, que dentro de poco serán esposos. Rusty vino estuvo muy linda la actividad. Los sordos están asistiendo los martes, jueves, viernes y domingos. Estoy saliendo en los exámenes bien. Entró un niño nuevo en la escuela de tránsito. Estamos ansiosos porque lleguen las vacaciones para ir a Tunas y darles un abrázote y un besote. Estoy leyendo la Biblia y orando para tener fe y crecer. Tú también tienes que orar más y leer la Biblia porque el día del Señor se acerca, y sí no estás preparada, te quedas. Debemos depender más de Dios, porque su día llega. Abuela, eres para mí lo más lindo y hermoso. Lo que te expreso en esta carta es mi amor. Estoy orgulloso de ser tu nieto.

Yo quiero ser como Timoteo con su abuela Loida: ser fiel al Señor como tú lo eres. Mi mamá, mi papá e Isaí te mandan muchos besos y abrazos.

Recibe un beso grande para una abuela grande.

Tu nieto que te ama,

Elón.

Elón era muy apegado a sus seres queridos. Para él, Dios y su familia siempre ocupaban el primer lugar. Cada noche, antes de acostarse, incluía estas palabras en su oración:

«Señor, no permitas que nada ni nadie nos separe de ti, ni los unos de los otros».

Su personalidad dejaba huella en quienes lo rodeaban. Los profesores destacaban su imaginación y el valor que le daba a la familia, la fe y el estudio. En una oportunidad, le pregunté:

—¿Cuál ha sido el día más feliz de tu vida?

Sin dudarlo, respondió:

—El día que fuimos a la playa Carenero.

Habíamos ido los cuatro juntos en familia. Los dejábamos bañarse en la orilla mientras Rafa y yo conversábamos cerca de ellos. A la hora de salir del agua inventamos un juego entre los cuatro; consistía en escribirnos frases en la arena y cuando el agua las borraba era una gracia para ellos.

Una de las cosas que le enseñamos a nuestros hijos fue la escala de valores. Dios lo primero; luego su papá, su mamá, su hermanito, y después los demás. Cuando ellos crecieran y se casaran, sus esposas tenían que estar después de Dios, y nosotros como padres, aunque mereciéramos respeto, debíamos ocupar el último lugar, pues ellos ya tendrían una nueva familia.

A los nueve años, lo encontré acostado en nuestra cama, muy pensativo. Cuando le pregunté en qué pensaba, me respondió:

—En ella.

Una niña ya había flechado su corazón. Nunca olvidaré cuando me dijo:

—Mami, estoy enamorado. Es hija única y tunera, como tú. ¡Es linda!

—Elón, ¿tú la quieres mucho? —le pregunté.

Dando un suspiro romántico, respondió:

—Fíjate, mami, si la quiero que tú estás un poquito por debajo de ella.

Cuando viajamos con Rafa a Estados Unidos, Elón, con gran desprendimiento, nos pidió que no le trajéramos nada para él, pero sí un regalo para aquella niña, Masiel, su primer amor. Pasado el tiempo supe que Masiel, ya con dieciocho años, aún pensaba en mi hijo por las noches. Guardaba el regalo que le había dado en un lugar especial. La joven aseguraba que Elón había sido el único hombre que la amó de verdad.

Cuando Masiel me confesó que quería ser monja porque sentía la ausencia de Elón en su vida, sostuvimos una conversación llena de lágrimas, mezcla de gozo y de tristeza. Entonces le pedí de todo corazón que me diera los nietos que Elón ya no podría darme.

Para Elón, nosotros, sus padres, éramos perfectos. Su papá era un campeón, y yo, la mujer más linda del mundo y la mejor cocinera; y lo mejor de todo era que me lo creía. Un día me dijo que quería casarse con una mujer que no fuera «reseca».

—Eso es fácil —exclamé entre risas—. Si la muchacha está reseca, tú le tiras dos o tres cubos de agua y asunto resuelto.

Todos reímos, alegres.

En algunas ocasiones, cuando me veía seria, me decía:

—Mami, te estás dejándote tentar por el enemigo.

—Si me la paso riendo, se me van a poner fríos los dientes de tanto tenerlos afuera —respondía.

Su mayor satisfacción era ver a sus padres besándose o abrazándose. También se mostraba feliz cuando Rafa me regalaba flores. Si pasaban varios días sin que él notara algún gesto cariñoso, me empujaba hasta su papá y decía:

—Dale un beso a papi, ¿no ves lo triste que está porque no has sido cariñosa con él?

Siempre me maquillaba y cuidaba mi apariencia desde la mañana hasta la noche. Si por alguna razón no lo hacía, el primero en notarlo era Elón, que me decía:

—Mami, te estás dejando caer.

El templo quedaba lejos de la casa pastoral y solo teníamos una bicicleta. Los niños preferían ir corriendo para que yo fuera montada con su papá, asegurándose de que no tuviera que caminar.

A menudo, Elón me sentaba en una silla y decía:

—Mami, tú eres la reina de este hogar. Ahora Isaí y yo nos encargamos de todo.

Uno recogía el patio y el otro ayudaba dentro de la casa. Todo quedaba impecable, aunque, sin que se dieran cuenta, yo iba rectificando detalles detrás de ellos. Cuando viajábamos, los tres se encargaban de los maletines y hasta de mi bolso de mano, porque según Elón: «Nosotros somos los caballeros y tú la dama, y las damas no deben estropearse». Si salíamos y me demoraba conversando con alguien, Rafael e Isaí se adelantaban caminando, pero Elón siempre me esperaba. En esos momentos, decía:

—No te dejo atrás porque soy tu hombre y tengo que cuidarte.

Cuando Isaí llegaba tarde de la escuela, Elón me reclamaba como si fuera su responsabilidad:

—¡Qué clase de madre es esta que no se preocupa por su hijo! Mira, mami, ya todos los compañeritos de Isaí han pasado y él nada.

Yo le pedía calma, asegurándole que su hermano llegaría en pocos minutos. Y en efecto, así sucedía. Elón esperaba en la puerta, recibiendo a Isaí como si fuera su padre.

Recuerdo a un vecinito, al que llamaré Pedrito, un niño de cuatro años que no sabía expresar cariño. Lo descubrí cuando, al pedirle un beso, solo ofrecía la mejilla, y al abrazarlo, mantenía los bracitos rígidos. Le enseñé a dar besos y abrazos, a partir de entonces, cada mañana iba a nuestra casa para recibir estas muestras de amor.

Una de esas mañanas, Elón, celoso, me reclamó:

—¿Por qué a él sí y a mí no?

—No seas injusto —lo amonesté—. A ti y a tu hermano todos los días los cargo, abrazo y beso. Pero él no tiene a sus padres y seguramente le falta cariño.

Elón no tardó en replicar:

—En mi escuela hay muchos niños cuyos papás y mamás no los abrazan ni besan. Si te los traigo, ¿les harás lo mismo que a Pedrito?

Nunca imaginé que esa misma tarde, al regresar de la escuela, llegaría con una hilera de niños. Los senté en mis piernas, los abracé y, uno por uno, les dije que los amaba.

Uno de los niños que Elón conocía vivía una situación muy difícil. Por eso, cierto día me pidió permiso para regalarle algunas de sus ropas. Le dije que él mismo seleccionara lo que quisiera regalar. Para mi sorpresa, escogió las mejores prendas: camisas, medias, trusas...

No me quedó más remedio que felicitarlo de todo corazón por su generosidad.

Muchas veces llegaba con un grupo de niños a la hora del almuerzo, y como no lo había planificado, me quedaba sin comer. Después le explicaba que debía avisar con anticipación para evitar que la comida no alcanzara. Pero él me respondía:

—Es que a mis compañeritos les gusta tu comida, porque la de sus papás sabe a viejo.

En otras ocasiones, después de comer, me decía.

—Mami, la comida te quedó rica; eres la mejor cocinera. Pero hoy no tengo apetito.

Así me daba cuenta, con gracia, de que mi comida ese día también sabía «a viejo».

Elón era increíblemente cariñoso. Para expresar lo que yo significaba en su vida, nunca parecía tener suficiente tiempo. Me mostraba su cariño casi cada cinco minutos. A cada rato entraba corriendo por la puerta de la casa, me rodeaba con sus bracitos y decía:

—Mi reina, mi princesa, no hay mujer más linda que tú.

Me lo repetía tantas veces al día que terminé creyéndolo. Nunca olvidaré sus palabras mágicas, esas que siempre me hacían renacer:

—¡Mami, tú sabes que te amo mucho! ¿Tú lo sabes, mami?

—Mi amor, yo sé que me amas, y yo a ti mucho más — le respondía.

Cuando me veía llorar, me preguntaba preocupado:

—¿Qué te pasa? ¿Mi papá te hizo algo?

Lo preguntaba porque escuchaba a sus amigos hablar de cómo algunos papás maltrataban a sus mamás. Con una sonrisa en los labios, yo le respondía:

—No, mi amor, no pasa nada entre nosotros; tu papá ya me abrazó hoy. Es que las mujeres, cuando nos vamos poniendo viejas, a veces tenemos ganas de llorar y no podemos parar. Elón, cuando te cases y a tu esposa le pase algo así, solo tienes que abrazarla y decirle: «Tú sabes que puedes contar conmigo». Entonces verás cómo, poco a poco, se le irá pasando.

Elón se quedó quieto unos segundos, pensativo. Luego me miró y, como siempre, me dio un abrazo y me preguntó:

—Mami, ¿tú sabes que te amo?

Y añadió:

—Sé por lo que estás pasando. Puedes contar conmigo —y me dio un beso y se fue a jugar.

Nuestras vidas parecían tranquilas, pero en mi corazón había una angustia inquietante. Sentía que algo estaba por cambiar, que nuestras vidas no volverían a ser las mismas.

Capítulo 2

UNA DESPEDIDA INOLVIDABLE

El 2 de abril del 2004, un niño llegó corriendo y me dijo:

—Pastora, Isaí se cayó de una mata; está en el suelo y no se puede parar.

Corrí de inmediato hacia el lugar. Lo encontré casi inconsciente; traté de reanimarlo, pero solo vomitaba. Pensé lo peor. Mi oración en ese momento fue: «Dios, no te pido que te lo lleves o me lo dejes; haz tu voluntad. Pero cualquiera que esta sea, dame fuerzas».

Lo llevamos al hospital de Niquero, donde lo remitieron rápidamente a Bayamo. El neurólogo diagnosticó una conmoción cerebral; su cerebelo estaba tan afectado que tardó dos días en volver a caminar, y cuando lo hizo, se lateralizaba. Con el tiempo fue mejorando, y en menos de quince días ya caminaba con normalidad. ¡Gracias a Dios!

Finalmente le dieron el alta médica y regresamos a Niquero. Llegamos de noche, pero aun así, Elón e Isaí conversaron hasta la madrugada, como si fueran dos amigos que llevaban mucho tiempo sin verse y tenían mucho que contarse. Elón me decía:

—Mami, ¿no te das cuenta de que Isaí es mejor hermano después de la caída?

Dios, que hace todas las cosas perfectas, les concedió quince días de paz y tranquilidad entre ellos. El viernes 30 de abril estaba sentada en la sala cuando Elón corrió a mis piernas. Isaí intentó imponerse, pero le expliqué que durante quince días había tenido los dos brazos y las dos piernas para él solito. Le pedí que se las prestara a su hermano por un rato. Isaí accedió y se fue a jugar. En ese momento, Elón me dijo:

—Mami, si tú y yo vamos por un camino, viene un carro a toda velocidad y me choca delante de tus ojos, ¿qué tú haces?

—Elón, no seas trágico —respondí—. Eso nunca va a pasar.

Pero él insistió:

—Mami, si tú y yo vamos por una calle, viene un carro a toda velocidad, me choca delante de ti, me mata, y tú no puedes hacer nada por mí, ¿qué haces?

—Te empujo para que me pase a mí y no a ti.

Él no se rindió:

—Mami, viene el carro a toda velocidad, me choca y tú no puedes salvarme, ¿qué haces?

—Gritaré tanto que mis gritos se oirán hasta en La Habana.

Con una risa pícara, Elón respondió:

—No, mami, no tienes que gritar, porque sabes para dónde voy.

Dos días antes de ese diálogo, había estado repitiendo este verso:

«En la casa todos lloran porque ha muerto el hijo del pastor».

Cada vez que lo escuchaba, le pedía que no lo repitiera, porque me hacían mucho daño aquellas palabras.

Después de tenerlo un rato en mis brazos, fui a terminar la comida. Me siguió y me preguntó:

—Mami, ¿a ti no te gustaría volar?

—Ni en avión, porque le tengo mucho miedo.

—No hablo de volar en avión, mami, hablo de volar, volar y volar...

Más tarde serví la comida. Solo teníamos tres bistecitos que nos habían regalado. Los dejé para ellos. Nunca supe cómo Elón se dio cuenta, pero al terminar de comer me entregó su plato y me dijo:

—¿Sabes que me gustó tanto el arroz que no quise comer carne? Prefiero que la comas tú, pero delante de mí.

Y yo, como una niña obediente, me la comí. Esa noche, Elón no lograba conciliar el sueño. Despertó cerca de las doce y ya no volvió a dormir. Pasé toda la noche conversando con él, orando, acariciándolo y recordándole cuánto lo amábamos. Pasadas las cuatro y media de la madrugada, se quedó dormido.

Finalmente, a las cinco volví a mi cama, donde estaba acostado Rafael, quien tampoco había podido dormir.

Tomé una promesa bíblica: «Y enjugará Dios toda lágrima de los ojos de ellos, y la muerte no será más».

El sábado 1 de mayo, a las siete de la mañana, Elón nos llamó como de costumbre:

—Señor, te amo; papi, te amo; mami, te amo; Isaí, te amo.

Después de este saludo, Elón le comentó a su papá que el reloj se había detenido. Ese mismo día, su corazón también dejaría de latir.

Un rato después, un grupo de adolescentes vino a buscar a Elón e Isaí para ir a la playa Carenero. El bullicio de los jóvenes no me permitía escuchar lo que Elón me decía, hasta que oí su grito:

—¡Mami!

Cuando llegué hasta él, me miró con sus ojos grandes y hermosos. Luego me ofreció disculpas por haberme lastimado y, una vez más, pronunció sus palabras mágicas:

—Mami, ¿sabes que te amo mucho? Mami, ¡te amo mucho!

Antes de salir hacia la playa, me pidió que orara por ellos. Después de la oración, salí a despedirlos. Sin embargo, en ese momento Isaí decidió quedarse. Entonces Elón se acercó y me dijo:

—Es mejor que Isaí no vaya, porque puede que le pase algo.

Luego me dio un beso, un abrazo, y se fue.

La consejera que acompañaba al grupo nos contó que, antes de tomar el camino hacia la playa, Elón volvió a orar. Una vez en la playa, conversaron y establecieron un pacto con Dios. En su oración, Elón dijo: «Señor, te pido que me guardes puro y limpio para ti y para la joven que tienes para mí».

Al regresar de la playa, Elón se acercó a su consejera y le pidió:

—¿Por qué no vienes conmigo a casa y le pides permiso a mis padres para quedarnos esta noche orando en el templo?

Ella le respondió que sus padres ya lo sabían y estaban de acuerdo. Sin embargo, en lugar de ir directo a casa, Elón fue a pedir permiso a los padres de uno de sus mejores amigos para que lo dejaran quedarse en el templo. En el camino, comenzaron a hacer rebotar su pelota, que terminó dando contra un árbol y yendo a parar a la carretera. Como era tan cuidadoso con sus cosas, no quiso que un carro le dañara la pelota. De inmediato fue a recogerla y, de repente, un camión lo impactó. Así fue como Dios lo llevó al cielo.

Mientras tanto, Isaí estaba en casa de un niño que tampoco había querido ir a la playa. Nosotros estábamos en la iglesia metodista, donde habíamos ido a buscar los libros Atrévete a disciplinar y Cómo criar hijos varones. Mientras hablábamos sobre los libros, sentí un golpe en el corazón, salté en el asiento y exclamé:

—¡Ay, Rafa, Elón!

Rafael trató de tranquilizarme:

—No te preocupes, seguramente está bien y ya viene de regreso de la playa.

Pero insistí tanto que decidimos regresar a casa. En el camino, vimos un tumulto de personas. Corría el rumor de que habían matado a un niño. En mi corazón supe que era Elón. Al no encontrarlo en casa, fuimos hasta el lugar del accidente. Allí estaban sus zapatos, su pelota, su mochila y unas chancletas que no eran de él. Una hermana de la iglesia trató de convencerme de que no era Elón, asegurando que lo hubiese reconocido. Sin embargo, yo sabía que mi hijo llevaba una mochila azul y una pelota. Todo coincidía.

Para estar seguros, debíamos ir al hospital. Rafael no quería que lo acompañara, pero logré subirme en la parrilla de la bicicleta sin que se diera cuenta. Al llegar al hospital, la multitud era tal que apenas podíamos entrar. Rafael fue a la morgue. Yo no tuve valor de acompañarlo. Después de identificarse como el papá de uno de los niños que jugaban con la pelota, le permitieron entrar.

Más tarde me contó que, al aproximarse y observar el cuerpo tapado, no necesitó más que ver uno de sus dedos del pie para reconocerlo. No fue necesario mirar su rostro para saber que era él.

Continuo diciendo

¿Qué más necesitábamos? ¡Consuelo! Pero no el de los policías que aguardaban alrededor del cuerpo esperando una reacción de los familiares contra el responsable del accidente.

«Mi socorro viene de Jehová, que hizo los cielos y la tierra».

«No tendrá temor de malas noticias; su corazón está firme, confiado en Jehová. Asegurado está su corazón; no temerá...».

—Todos los ojos estaban sobre mí, esperando si gritaba de histeria o reaccionaba con venganza. No sé hasta qué punto nuestro silencio se convirtió en combustible para otros. Es cierto que nos dolió, y aún desearíamos que estuviera con nosotros.

Salió y me confirmó lo que más temía: era nuestro hijo, Elón. Nos abrazamos llorando. Sentí que perdía toda fuerza humana. De regreso a casa, les iba diciendo a todos los que encontraba: *«Fue Elón, fue Elón al que mataron».*

Al llegar, la casa estaba llena. No recuerdo la cantidad de personas que se agolpaban allí; algunas eran conocidas y otras no. Todas querían compartir nuestro dolor. Los vecinos lloraban... Decidimos no aplazar lo inevitable y le dimos a Isaí la triste noticia de que su hermano había muerto. Él no podía entenderlo y me decía:

—Mami, no llores. Va a volver. Yo también estuve en el hospital y mírame aquí.

—Isaí, el plan de Dios no es igual para todos —dije—. El Señor quiso llevarse a tu hermano y quiso dejarte a ti. Él sabe por qué.

Isaí insistía:

—Mami, ¿recuerdas la historia de Lázaro, el amigo de Jesús? Así va a pasar. Dios lo puede resucitar. Él no murió, solo está en el hospital y en un rato volverá a casa.

Con el corazón desgarrado, le expliqué:

—Isaí, tu hermano está con el Señor, y esa es una verdad que no podemos cambiar.

Pasamos cerca de una hora tratando de que comprendiera.

Con el tiempo, nuestro hijo Isaí escribió:

«Fue por esa misma razón que no me enojé con Dios cuando se llevó a mi hermano. No tenía, ni tengo, ni tendré el derecho de reclamarle nada. Yo no entendía por qué había muerto, hasta que mi mamá me lo explicó de una forma tan clara que lo comprendí. Si mi hermano hubiera sobrevivido, tal vez se habría apartado de los caminos de Dios. Estoy seguro de que el Señor lo libró de algo peor. Es hora de que hagas la prueba, aunque no se te haya muerto nadie como a mí. Si quieres oír un consejo: ama y protege a tus seres queridos, porque después podrías arrepentirte. Te lo digo por experiencia. Así como me sucedió a mí, les ha pasado a muchas personas que, a *diferencia de mi caso, se refugiaron en la venganza y no en el infinito amor de Jesús».*

Cuando Yordy Toranzo, el pastor de la iglesia Metodista, se enteró de la noticia, no podía creerlo. Reaccionó golpeando la pared y clamando al Señor, preguntándole por qué nos había sucedido esto. Tanto él como su esposa lloraron por nuestro hijo y se encargaron de toda la organización del funeral. Nunca olvidaremos el afecto y el apoyo que recibimos ese día.

Mientras esperábamos la llegada del cadáver, me acerqué a un grupo de hermanos reunidos para decirles:

—Hasta ahora Dios me ha dado fuerzas, pero necesito más para ver a mi hijo en una caja de muerto.

El pastor Yordy nos sugirió a Rafa y a mí que nos postrásemos de rodillas y clamáramos al Señor, asegurándonos que Él nos respondería. Así lo hicimos. Durante la oración, tuve una visión: manos que llevaban lo que parecían ser guantes blancos y nosotros flotando sobre ellas. Cuando nos levantamos, sentimos una fortaleza tal que algunas personas llegaron a juzgarme, diciendo que yo no quería a mi hijo. Otros mencionaban lo fuertes que éramos. Pero Rafa y yo sabíamos que esa fortaleza no era nuestra; provenía directamente del trono de Dios. Su poder se multiplicaba a través de las oraciones de los hermanos en todo el mundo, quienes intercedían por nuestra familia.

Por la noche, cuando llegó la hora de que Isaí se acostara, lo acompañé hasta la casa de una vecina, a quien siempre le estaré agradecida por la forma en que cuidó a mi hijo. Mis hijos la querían mucho y la llamaban cariñosamente «Queta». Todavía en la calle, me agaché, lo abracé y le pedí que oráramos juntos antes de dormir. Lo hicimos. Después de un beso de buenas noches y un *«Dios te bendiga»,* Isaí se volteó y me dijo:

—Mami, no quiero que llores más. ¿Tú ves la tristeza que estamos pasando por la muerte de Elón? Eso no es comparable con la bendición que Dios nos va a dar, no solo allá en los cielos, donde Elón ya está disfrutando, sino también aquí en la tierra.

UNA DESPEDIDA INOLVIDABLE

Ante la revelación de mi hijo de nueve años, volví a abrazarlo y le respondí:

—Hijo, ¡que Dios te oiga!

—Mami, ¡créelo que así será!

Por cuestiones legales, el cadáver de Elón demoró en llegar. Finalmente, ingresó en la iglesia de Niquero alrededor de las dos de la madrugada. Esa fue una de las partes más duras de nuestra historia. Rafa destapó la caja, y yo llené de besos su cuerpo, como tantas veces lo había hecho cuando estaba vivo. Sus manos, ahora inertes, nunca más podrían abrazarme en esta tierra. Su cuerpo estaba lleno de moretones y tenía una gran herida en la cabeza. Allí estaba nuestro hijo, nuestro gran Elón. Pasé mis manos por sus brazos y le dije al Señor: *«Cuando ya nadie lo recuerde, vivirá en mi corazón para siempre. Mi hijo del alma, mi Gran Hombre de Dios»*.

Con la llegada de la mañana, comenzaron a presentarse pastores de todas partes para acompañarnos. Aparecían carros llenos de hermanos de diferentes iglesias para reunirse con nosotros. En ese momento, recordé cuando Elón estaba vivo y me decía: *«El día*

58

que muera, por favor, hagan un culto donde se cante bastante».

Hablábamos tanto del cielo con nuestros hijos que ellos no veían la muerte como algo feo, sino como una vía para acercarse más a Dios. Me decían que querían conocer a Jesús cara a cara, y que, si Él les daba permiso, sentarse en sus piernas, abrazarlo y besarlo. Cuando hablábamos sobre la eternidad, solía explicársela con una hoja en blanco. Ponía un puntito muy pequeño en el papel y les decía que así era nuestra vida en comparación con la eternidad: nada. Lo importante era garantizar nuestra vida con Cristo. Esta enseñanza cautivó tanto a Elón que él mismo la explicaba a sus compañeros de aula.

La iglesia estaba repleta. Había personas que nunca la habían visitado. Su presencia representaba una oportunidad que no se podía desperdiciar. Me acerqué a varios hermanos para pedirles que dirigieran el culto fúnebre, pero todos, entre lágrimas, me decían que no podían. Entonces pensé: *«Señor, si me has dado la responsabilidad de hablarle de ti a personas que no conozco, en este momento dame las fuerzas otra vez para hacerlo, ahora delante del cadáver de mi hijo».*

Las piernas me temblaban, pero comencé:

—Esta mañana no celebramos culto para una persona muerta, sino que deseamos que quienes no conocen al Señor tengan la oportunidad de oír de Él. *Decimos como Job: «Jehová dio, Jehová quitó; sea el nombre de Jehová bendito».*

Hablé de lo que Elón me había pedido antes de morir: un culto con cantos y alabanzas a Dios. Y así fue. El servicio comenzó en la mañana y terminó en la tarde, con ocho mensajes diferentes de los pastores. En un momento, el pastor Francisco Álvarez se acercó y me dijo que era demasiado fuerte para mí, que lo dejara ayudarme. Continuamos juntos. Cantamos varios de los coros preferidos de Elón: *«Dios está en control de todas las cosas, sí»*, *«El poderoso de Israel»* y *«El victorioso vive en mí»*. Rafael quiso predicar el último mensaje usando la Biblia de Elón y algunos pasajes que él tenía marcados. Mientras hablaba, vimos lágrimas en los ojos de todos los presentes. Sin embargo, estábamos convencidos de que nadie nos había arrebatado a nuestro hijo; fue el Señor quien quiso llevárselo. Dios nos lo había prestado; era de su absoluta pertenencia. Esta certeza tranquilizaba mi alma: mi hijo estaba en la presencia del Señor, como tanto había deseado. Elón había aprendido a amar profundamente a su Padre Celestial y estaba seguro de que ese amor era recíproco.

Isaí le pidió a su padre que lo dejara ir un rato al funeral de su hermano porque quería verlo por última vez aquí en la tierra. Rafael lo llevó. Se quedó parado al lado de la caja de Elón, firme como un soldadito. Después de un rato, dijo:

—Papi, llévame a casa porque esto es muy duro para mí.

Entonces comenzó la tarea más difícil: enfrentarnos a dos hijos muertos, uno físicamente, y el otro, emocionalmente. Solo la gracia de Dios pudo ayudarnos a superar esa nueva etapa en nuestras vidas.

De esta forma se refirió Rafael a ese período:

«Cuando nuestro hijo se marchó y se nos adelantó para irse a la Gloria Celestial, fue un golpe violento, desconcertante. Enmudecí. Todos los planes y sueños que tenía con él se desmoronaron. Yo pensaba que él cerraría mis ojos. Qué desencanto: fui yo quien tuvo que cerrar los suyos».

"Porque ninguno de nosotros vive para sí, y ninguno muere para sí".

No soy capaz de saber hasta qué grado Elón pudo comprender este concepto, pero estas son algunas de sus notas, escritas cuando tenía tan solo ocho años:

«Todo comenzó predicando la palabra de Dios, porque me cambió la vida, la hizo nueva. Y ahora yo le predico a Él, porque me salvó de la perdición y la pudrición del pecado. Un día, pequé en la iglesia y tuve una experiencia con Él. Y la mayor experiencia que puedo tener con Él es irme con Él».

«Yo estoy en tercer grado, predicándole a mi maestro; me lo estoy ganando para Cristo. Aunque a veces no aguanto a mis padres, sigo con mi ministerio y firme a Dios.

Escribo esto porque quiero acordarme de esta experiencia con el Señor cuando sea un adulto, es decir, un adolescente. Además, como mi experiencia ha sido triste, quiero que alguien acepte a Cristo como su Salvador y Señor. Por favor, acepta a Cristo y dale tu alma para cuando venga la gran tribulación. Yo no me pertenezco a mí mismo; yo soy de Jesús. Yo doy mi vida por Él porque Él me salvó de la perdición».

El pastor Francisco Álvarez Cantillo despidió el duelo usando las palabras dichas a David:

«Tu silla estará vacía y tú serás echado de menos».

Así ha sido. El maestro de Elón tuvo que cambiar de aula y de escuela porque no soportaba ver su silla vacía. La vida de nuestro hijo conmovió profundamente al pueblo de Niquero, y su muerte también.

En Cuba, donde vivíamos, es costumbre exhumar los restos de una persona dos años después de haber fallecido. En nuestro caso, ese tiempo se extendió a tres años porque, debido a la salud física y emocional de Isaí, nos mudamos a Bayamo. Esos tres años pasaron rápidamente. Había llegado el momento de sacar los restos de nuestro hijo de la tumba que nos había prestado un hermano. Muchos me advirtieron que, por ser una persona físicamente débil, incluso epiléptica, podría sucederme algo. Pero a todos les respondí:

—En verdad, no soy fuerte, y estoy en desventaja frente a otras mujeres, pero sé que Cristo vive en mí, y eso es suficiente.

Algunos hermanos, incluso pastores, expresaron su interés en acompañarnos. Pero solo fuimos Rafael, Verónica (una amiguita de Elón), el hermano que manejaba el bicitaxi para trasladar los restos, y, entre nosotros, el Señor como nuestro Poderoso Gigante. Los sepultureros estaban expectantes sobre lo que podría suceder. Mientras rompían la tapa de la sepultura de nuestro hijo, yo le decía a mi Padre: *«Papá, por favor, dame fuerzas»*. Y Él me las dio, contra todo pronóstico humano. La Palabra de Dios volvió a hacerse realidad en mi corazón: **«¿Dónde está, oh muerte, tu aguijón? ¿Dónde, oh sepulcro, tu victoria?... Mas gracias sean dadas a Dios, que nos da la**

UN ÁNGEL PRESTADO

victoria por medio de nuestro Señor Jesucristo»

(1 Corintios 15:54-57).

Después de la exhumación, experimenté el gozo de la resurrección. Pedí permiso a los presentes para orar, y todos, al unísono, dijeron que sí. Pero antes de hacerlo, tuve la oportunidad de predicarles del Señor. Cargué la pequeña caja con los huesos de mi hijo, y fue como si lo tuviera otra vez en mis brazos. Sentí un júbilo inexplicable en mi corazón; un deseo de gritarle al mundo, como aquellas mujeres ante la tumba vacía de Jesús:

«¡No está aquí, más ha resucitado!».

Por mucho que lo explicara, nadie podría entender lo que sentía. Era como si, desde el cielo, el Señor y Elón me miraran, sonriendo y diciéndome que lo más precioso de él estaba con Jesús.

Al día siguiente, trasladamos los restos de Elón a Bayamo. Me acompañaron a la necrópolis Rafael y el Señor. Sus huesitos todavía estaban sucios, y como Elón era tan pulcro, limpiamos cada parte de su cuerpo

65

con mucho cuidado. Lo entalcamos y perfumamos. Para esto, escogimos la mejor de nuestras servilletas y la dividimos por la mitad. Rafa limpió su cabeza y yo el resto del cuerpo. Luego, lo guardamos en un nicho que sabemos que Dios escogió para él. Cuando terminamos este acto, sentí en mi corazón: «*Consumado es*». Había completado la obra con mi hijo, el hijo que Dios me había prestado.

Un día después de la muerte de Elón, tuve una conversación con Dios:

—Señor, no te cuestiono porque sé que no me pertenecía. No quiero que te pongas bravo conmigo, pero ¿por qué me lo prestaste y tan rápido te lo llevaste?

Y añadí:

—Señor, no tienes que responderme porque eres soberano.

Pero Él, en su misericordia, habló a mi corazón como lo había hecho otras veces:

—Algunos hospedaron ángeles en sus casas sin saberlo. Yo te presté un ángel por once años, y tú no lo sabías.

En otra ocasión, Isaí me preguntó:

—Mami, ¿por qué Dios se llevó a mi hermano?

Mi mamá, que estaba en casa, le respondió:

—Porque el Señor lo necesitaba allá en el cielo.

Isaí, sin embargo, no quedó satisfecho con esa respuesta, y replicó:

—Con tantos niños que tiene Dios en el cielo, ¿para qué quería otro más? El que lo necesita soy yo, aquí en la tierra.

Estas y otras preguntas llenaban su mente. Su corta edad no le permitía comprender plenamente lo que estaba sucediendo, pero seguíamos tratando de darle respuestas que pudiera entender. Un año después de la muerte de Elón, Juancito, su amigo, junto con varios de sus compañeros de aula, pidieron dinero a sus padres para merendar después del desfile del Primero de Mayo. Para sorpresa de todos, en lugar de comida, los niños compraron un ramo de flores y lo llevaron a la tumba de Elón. Allí le contaron sobre sus hazañas, por ejemplo, el jonrón que les había permitido ganar un juego de pelota. También le dijeron cuánto lo extrañaban.

Muchos nos juzgaron porque no entendían cómo podíamos cantar al lado del féretro de nuestro hijo. Pero, a pesar de todo, agradecemos profundamente al pueblo en general porque sabemos que amaron de verdad a nuestro pequeño. En primer lugar, agradecemos a Dios, porque el testimonio de la vida de Elón hizo que muchas personas salieran de las tinieblas para conocer a Cristo. Tal fue el caso de la hermana Fabiola Picado, quien se convirtió al Señor luego de escuchar la historia de Elón. Actualmente sirve como misionera en Carolina del Norte. Hoy podemos ver con claridad que Dios no se equivoca. Elón fue, es y siempre será una bendición para nuestra familia.

Extráñame pero déjame partir

Cuando llegue al final de mi camino

y el sol no brille más

no quiero ritos en una habitación melancolica

¿por qué llorar por un alma liberada?

extráñame un poquito

pero no por mucho tiempo

y no con la cabeza baja

acuérdate del amor que una vez compartimos

este es un viaje que todos tenemos que hacer

y cada uno debe ir solo

es todo parte de un plan del creador

un paso en el camino hacia el hogar

cuando estes sola y angustiada

busca a los amigos que conocimos

y entierra tus penas con buenas acciones

extráñame pero déjame partir.

Autor desconocido

Capítulo 3

LAS ETAPAS DE DUELO DE UN SER QUERIDO

Quisiera compartir contigo las diferentes etapas del duelo y algunos consejos prácticos que han ayudado a nuestra familia a sobrellevar la separación. Nuestro deseo es ayudarte a atravesar las etapas del duelo, sin importar el orden en que se presenten.

A lo largo de los años he aprendido que, por más que lo intentemos, es imposible evitar el duelo. De hecho, tratar de hacerlo puede ser una manifestación de la etapa de *«negación»* (hablaremos de cada etapa más adelante). En realidad, tenemos que enfrentarlo, atravesar ese proceso.

Tampoco podemos esperar que quienes no han sufrido la pérdida de un hijo nos comprendan plenamente, aunque respeten nuestro dolor. Dicho esto, es importante reconocer que cada tipo de pérdida tiene su impacto y valor.

El duelo se presenta de forma única y personal. En mi experiencia he visto que, a veces, un abrazo, una taza de café o cualquier otro gesto de amabilidad en el momento adecuado, vale más que mil palabras. Alguien dijo una vez: *«No temas contar tu historia; no sabes si puede ser la llave que abra la puerta, o incluso la cárcel, de otra persona».*

En una ocasión, una persona dijo algo que me hizo reflexionar:

«¿Cómo se llama a alguien que ha perdido a su esposo o esposa? Viudo o viuda.

¿Y a quien ha perdido a sus padres? Huérfano o huérfana. Pero, ¿cómo se le llama a quien ha perdido un hijo? No tiene nombre».

Así de indescriptible es el dolor que se experimenta. Sin embargo, cada dolor es importante, y todos, al enfrentarnos a una pérdida, sea del tipo que sea, necesitamos pasar por nuestras etapas de duelo.

En 1969, la psicóloga suizo-estadounidense, Elisabeth Kübler-Ross, diseñó un modelo para describir las etapas que los seres humanos atraviesan tras perder a un ser querido. Se las conoce como «*las cinco fases del duelo*»: **negación, ira, negociación, depresión y aceptación.**

- **Negación:** ¡No puede ser!

- **Ira:** ¿Por qué me pasa a mí?

- **Negociación:** Haría cualquier cosa para cambiar esta situación.

- **Depresión:** ¿Por qué continuar después de esta pérdida?

- **Aceptación:** Va a estar bien.

Según Kübler-Ross, el duelo depende de la personalidad de cada individuo. Algunas personas pueden atravesar estas etapas en seis meses o un año, pero cuando la relación con el ser querido es muy cercana, el proceso puede extenderse hasta dos años o más. Si la negación persiste durante largos períodos, es recomendable buscar ayuda de un especialista.

El duelo puede manifestarse de distintas maneras y en diferentes momentos. Según la psicoterapeuta Cate Masheder, quien trabaja con personas que han atravesado duelos, el punto de partida para aceptar la pérdida es reconocer la muerte y el consecuente dolor como algo natural. Masheder afirma: «*La muerte es parte de la vida. Va a pasar. Todos vamos a sentir tristeza; todos vamos a echar de menos a alguien; todos vamos a morir. Así es*».

Masheder utiliza una explicación visual para describir el impacto del duelo. En un papel, dibuja un círculo que representa a la persona y dice:

«*Imagínate que este eres tú, y todo lo que tiene que ver con tu vida está dentro de este círculo*».

Luego comienza a colorear el círculo, explicando:

«*Cuando llega el duelo, no hay ni una sola área de tu vida que no se vea afectada por ese dolor. Llega a cada parte de ti*».

A continuación, explica que antes se creía que el dolor del duelo disminuía con el tiempo. Sin embargo, ahora se entiende que no es así:

«El enfoque actual es que ese dolor se mantiene tal y como está, pero nuestra vida crece a su alrededor».

Según esta perspectiva, no superamos el dolor, sino que aprendemos a integrarlo y permitimos que forme parte de nuestra vida.

La etapa de la negación: ¡No puede ser!

Los expertos explican que la negación puede servir inicialmente para amortiguar el impacto de la muerte de un ser querido, retrasando parte del dolor. Sin embargo, esta etapa no puede durar indefinidamente porque, eventualmente, la realidad se impone.

Durante la negación, nos cuesta asimilar lo sucedido. Personalmente, creo que es un mecanismo de defensa que Dios ha puesto en nosotros para procesar la pérdida poco a poco. Por ejemplo, hay personas que, tras perder a alguien, intentan continuar con sus vidas como si nada hubiera pasado. Sin embargo, a veces basta con encontrarse con objetos personales de quien ya no está para activar recuerdos y sentimientos reprimidos.

Ese intento de reprimir el dolor puede durar más o menos tiempo, pero la verdad nos confrontará tarde o temprano, y no podemos evitar reconocerla.

Por fortuna, las etapas del duelo no siguen un orden estricto ni tienen un tiempo definido. La aceptación llegará cuando estés listo para recibirla.

La etapa de la ira: ¿Por qué me pasa a mí?

Durante la etapa de la ira es común experimentar sentimientos de rabia, resentimiento e incluso odio. También puede surgir la búsqueda de responsables o culpables. La ira aparece como una reacción a la comprensión de que la muerte es irreversible, lo que genera una profunda frustración. Esta rabia puede proyectarse hacia el entorno, afectando a las personas allegadas que también están atravesando su propio duelo. Tal actitud puede ser dañina y complicar las relaciones con quienes intentan ofrecer apoyo.

La mayoría de las veces no es posible prepararse para la pérdida. Por eso, el enojo puede llevarnos a actuar de una forma que impacte a quienes nos observan. Aunque es comprensible reaccionar gritando o golpeando una pared, lo que no es aceptable es tomar acciones contra quienes nos rodean. No debemos gritarles, culparlos ni dirigir hacia ellos ningún tipo de abuso.

Si sientes que no puedes controlarte, pide ayuda. No necesitas acudir necesariamente a un psicólogo titulado o a un terapeuta profesional; puede ser un buen amigo, un pastor o una persona mayor en quien confíes. Lo importante es evitar que tu dolor cause un daño mayor.

Recuerda que quienes te aman entienden que estás atravesando una situación difícil, pero no es justo que sufran abusos.

La etapa de la negociación: Haría cualquier cosa para cambiar esta situación

Durante esta fase es común fantasear con la idea de haber evitado la muerte. Muchas personas se preguntan *«¿qué habría pasado si...?», o piensan en estrategias que podrían haber evitado el resultado final, como «¿y si hubiera hecho esto o aquello?».*

No te detengas en pensamientos semejantes, porque nunca encontrarás respuestas a ese tipo de preguntas. Ni el pasado ni el futuro nos pertenecen. Solo podemos modificar el presente. Si no te concentras en el aquí y el ahora, corres el riesgo de convertir el presente en los *«¿y si hubiera...?»* del mañana.

En relación a esto, me impacta especialmente una expresión del pastor Dante Gebel: *«Dios no dice "yo fui" ni "yo seré"; Él es el "yo soy" en tu vida»*

El Señor quiere ser el Dios de tu presente, el que camina contigo y te da fuerzas HOY.

En el Nuevo Testamento, la Biblia relata la historia de dos hermanas, María y Marta, quienes perdieron a su hermano Lázaro. Cuando Jesús llegó hasta ellas, le dijeron: **«Si tú hubieras estado aquí, mi hermano no habría muerto»**

(Juan, capítulo 11).

Aunque mucho se ha predicado sobre este milagro, pocas veces se reflexiona sobre el detalle conmovedor de que **«Jesús lloró» (Juan 11:35).** Al ver el sufrimiento de las hermanas, Él compartió su dolor.

Ten la certeza de que tu dolor también es el dolor de Dios. Es normal intentar negociar con Él o cuestionar su plan, pero ten por seguro que Dios te comprende y no toma tus palabras en tu contra. Él está contigo, incluso en tus momentos de mayor fragilidad.

La etapa de la depresión: ¿Por qué continuar después de esta pérdida?

Todo buen terapeuta te explicará que la tristeza profunda y la sensación de vacío son típicas de esta fase. No estamos hablando de una depresión clínica, que es un problema de salud mental, sino de un conjunto de emociones naturales vinculadas al dolor causado por la pérdida de un ser querido.

Durante esta etapa, algunas personas pueden sentir que no tienen incentivos para seguir viviendo y optan por aislarse de su entorno. Te pregunto: ¿aún sigues respirando? ¿Estás vivo? ¿Te queda alguien por quien vivir? Si crees que no hay nadie, entonces ¡vive para ti mismo! Recuerda que tu historia puede iluminar a quienes están enfrentando una situación como la tuya.

Si hubiera sido al revés, ¿cómo te gustaría que reaccionara tu hijo? ¿Querrías verlo sin deseos de vivir? ¿O preferirías que enfrentara la vida con valentía, buscando ayuda para superar tu ausencia?

Si pudiéramos preguntarles a nuestros hijos que ya no están con nosotros y ellos pudieran responder, seguramente nos dirían: «*¡Sigue adelante! Eso fue lo que me enseñaste tú. ¡Sé fuerte! ¡Quiero que vivas!*».

Hoy, en este momento, ¿existes o vives? Te invito a reflexionar sobre esto. No es lo mismo existir que vivir, y quiero darte una buena noticia: el Dios en quien yo creo dice en su Palabra, que es la Biblia:

«*Yo he venido para que tengan vida, y para que la tengan en abundancia*»

(*Juan 10:10-11*).

Solo el Autor de la vida puede devolverte el deseo de vivir, no de simplemente existir. Hay una gran diferencia entre ambas cosas.

Cuando sientas que estás cayendo en depresión, no rechaces a quienes buscan estar contigo. La compañía de tus seres queridos puede ser la mejor medicina. Por la experiencia de una amiga que sufre de depresión clínica, sé que cuando caes en una tristeza profunda, lo único que deseas es estar solo. Pero ese aislamiento alimenta más la depresión. Esto provoca niveles peligrosamente bajos de serotonina y dopamina en el cerebro, y estas disminuciones se intensifican cuando enfrentas la pérdida de alguien que amas. Este escenario se convierte en un terreno fértil para el enemigo de las almas: el diablo.

Me gustaría decirte que existe un método o una medicina para aliviar tu dolor. Sin embargo, con el tiempo he comprendido que solo Jesucristo puede sanar un dolor semejante. A Él le llevo todos mis pedazos rotos, y Él los vuelve a armar.

¿Quieres encontrar paz? Déjame decirte que la paz no es una circunstancia, sino una persona, y esa persona se llama Jesús. Su Palabra nos recuerda que Él es el Príncipe de Paz: ***«Porque un niño nos es nacido, hijo nos es dado, y el principado sobre su hombro; y se llamará su nombre Admirable,***

Consejero, Dios Fuerte, Padre Eterno, Príncipe de Paz»

(Isaías 9:6).

Jesús dice:

«Mi paz os dejo, mi paz os doy; yo no os la doy como el mundo la da. No se turbe vuestro corazón ni tenga miedo. Creed en Dios, creed también en mí»

(Juan 14:27).

También dice:

«Y la paz de Dios, que sobrepasa todo entendimiento, guardará vuestros corazones y vuestros pensamientos en Cristo Jesús»

(Filipenses 4:6-7).

La etapa de la aceptación: Va a estar bien

Según la definición de la Real Academia Española, aceptar es un verbo transitivo que significa *«recibir voluntariamente o sin oposición lo que se da». Es «acceder a algo».*

Una vez que se ha aceptado la pérdida, las personas en duelo comienzan a aprender a convivir con su dolor emocional en un mundo donde el ser querido ya no está. Con el tiempo, recuperan su capacidad de funcionar, de experimentar alegría y de volver a encontrar placer en las cosas.

Desde la perspectiva de un siervo de Dios y padre de mis hijos, el pastor Rafael Tamayo explica:

«Asimilar el dolor no es trabajo de un día o dos; requiere tiempo, y también pasar tiempo con Dios. Tuvimos la necesidad de pedir una licencia pastoral porque nuestra familia estaba destrozada. Es innecesario decir que fue algo inesperado. Lloremos en Cristo que nos da el verdadero consuelo, la verdadera paz en medio de la tormenta; nos da la victoria, en Él podemos confiar. Recobra tu ánimo conmigo, aunque nuestro pasado sea tétrico y nuestro presente sofocante, es visible en el futuro el brillo de nuestro trofeo.

Acerca de las cinco etapas del duelo

El duelo no sigue una forma ni un orden específico; se manifiesta de maneras diferentes en cada persona, ya que todos somos únicos. El hecho de que las reacciones de dolor sean más visibles en unas personas que en otras no significa que su amor por el ser perdido sea más o menos profundo.

Según los expertos, no todos atraviesan cada etapa del duelo. Tampoco se da en un orden determinado en todos los casos. Estas etapas pueden presentarse en momentos distintos, en secuencias variadas o incluso repetirse. Esto dependerá de cada individuo y su proceso personal.

¿Cuándo el duelo se vuelve un problema?

¿Solo son cinco etapas o hay más?

Algunos psicólogos consideran que el duelo puede comprender siete etapas. A las cinco que hemos mencionado anteriormente (negación, ira, negociación, depresión y aceptación) se suman dos más, que son confusión y culpa. Estas dos etapas adicionales pueden manifestarse en cualquier momento del proceso.

La etapa de la confusión

«La confusión que se genera puede desembocar en un sentimiento de mucha rabia y enojo. Incluso, la persona culpa al resto del mundo y también a sí misma porque considera que la situación es injusta».

Es común que, en medio del duelo, algunas personas se enojen con Dios. Si ese es tu caso, te recuerdo que el Señor Jesús te entiende y no te critica. Él conoce tu corazón y sabe cuánto puede sufrir una madre o un padre por la ausencia de su hijo.

Dios nos dice en su Palabra:

«¿Se olvidará la mujer de lo que dio a luz, para dejar de compadecerse del hijo de su vientre? Aunque olvide ella, yo nunca me olvidaré de ti»

(Isaías 49:15).

Dios sabe que es imposible olvidar a un hijo. Por eso, en este proceso, Él quiere ser tu socorro.

En el libro de Job, la Biblia presenta la historia de un hombre justo, agradable a Dios, que perdió a toda su descendencia en un solo día: siete hijos y tres hijas. También perdió su salud y sus riquezas. ¿Te imaginas cuánto dolor sintieron su corazón y el de su esposa?

En su desesperación, su mujer le dijo: «*Maldice a Dios y muérete*»

Nosotros podríamos juzgarla, pero Dios no lo hizo. Él entendió su dolor y le concedió otros siete hijos y tres hijas.

Esto demuestra que los pensamientos o palabras de una persona pronunciadas en medio de su sufrimiento no ofenden a Dios. Él comprende tu dolor y sabe cómo te sientes. El Señor no solo estará contigo en los días buenos, sino también (y especialmente) en los malos, en esos momentos en los que no ves la salida.

La etapa de la culpa

Durante el duelo, el sentimiento de culpa es inevitable. Aunque sabemos que no podemos evitar la muerte, muchas personas se sienten culpables por no haber pasado más tiempo o por no haber expresado mejor su amor al fallecido. Es normal pensar que quedaron cosas pendientes por decir.

En estos casos, necesitas pedir perdón a Dios y, de manera simbólica, a quien perdiste. Pero, principalmente, es necesario aprender a perdonarte a ti mismo. No puedes vivir toda tu vida cargando con la culpa. El perdón nos hace libres. Por eso, empieza por perdonarte a ti mismo.

Después de la muerte de nuestro hijo, una amiga cercana, Onilda Cervantes Maristany, nos puso en contacto con una psicóloga.

La doctora me preguntó:

—¿Qué es lo que más te duele de la muerte de Elón?

—Que no fui la madre que él merecía —respondí.

Rápidamente, la doctora llamó a otras madres que estaban cerca y les hizo la misma pregunta. Todas reconocieron no estar satisfechas con la madre que eran.

No se nos enseña a ser madre o padre. Por eso, es importante perdonarnos constantemente. Esto se vuelve más fácil cuando nos arrepentimos y pedimos perdón ante Dios.

Diferentes formas de duelo en los padres

No todos los padres experimentan el duelo de la misma manera. Las reacciones pueden ser similares a las de otras pérdidas, pero suelen ser más intensas y prolongadas cuando se trata de un hijo.

Estas son algunas de las reacciones más comunes:

- Trauma intenso, confusión, rechazo y negación, incluso cuando la muerte de su hijo era esperada.

- Tristeza abrumadora, al punto de que realizar tareas diarias o simplemente levantarse de la cama parece imposible.

- Culpa extrema, acompañada del sentimiento de haber fallado como protector y de que podría haber hecho algo diferente.

- Enojo intenso y amargura, con la sensación de que la vida del hijo no se realizó.

- Temor a estar solos, lo que puede llevar a sobreproteger a los hijos vivos.

- Resentimiento hacia padres con hijos sanos.

- Sensación de vacío existencial; la vida parece no tener sentido. Con frecuencia, se desea unirse al hijo fallecido para librarse del dolor.

- Cuestionamiento de la fe o pérdida de la misma.

- Soñar con el hijo fallecido o sentir su presencia.

- Soledad e intenso aislamiento, aun cuando están rodeados de personas; se tiene la sensación de que nadie puede comprender realmente su dolor.

Cómo entienden la muerte los niños y adolescentes

Cuando un hijo fallece, los padres suelen ser el foco de atención. Sin embargo, surge una pregunta importante:

¿Qué hay del dolor de los hermanos?

Ellos también han perdido una parte importante de su vida: su compañero, su confidente, su alma gemela.

Mi hijo, Isaí, escribió en un papel:

«Elón, mi hermano, como tú, ninguno. He querido llenar tu vacío con mis primos y amigos, pero cada día me doy cuenta de que esta herida, este dolor tan grande que tengo no lo llena nadie, solamente Dios y el tiempo».

Consejos para ayudar a los hermanos a superar el duelo

Entonces, ¿cómo podemos ayudar a nuestros hijos a enfrentar esta pérdida?

Algunos psicólogos sugieren lo siguiente:

- Hacer del duelo una experiencia compartida en familia

- Incluir a los hijos en las conversaciones y en los planes de homenaje al hermano fallecido.

- Pasar tiempo juntos, hablando sobre su hermano o realizando actividades.

- Asegurarse de que los hijos entiendan que no son responsables de la muerte de su hermano.

Esto les ayudará a liberarse de sentimientos de culpa y remordimientos.

En nuestra experiencia, Isaí sintió una gran culpabilidad. Llegó a pensar que él era responsable de la muerte de su hermano. Con frecuencia decía: «Si yo hubiera ido, mi hermano no hubiera muerto; habría sido yo en su lugar».

Nos costó trabajo eliminar esta idea de su mente, pero con la ayuda del Señor logramos que entendiera que nadie tenía la culpa. Le explicamos que la muerte de Elón formaba parte del plan de Dios para su vida.

Es importante recordar que cada individuo es único y especial a su manera al comparar a un hijo fallecido con un sobreviviente se pueden generar sentimientos de injusticia y presión en el hijo vivo. es fundamental evita hacer comparaciones y en su lugar celebrar cualidades única de cada uno de ellos. cada persona merece ser reconocida por sus propias virtudes y ser valorada por lo que aporta a nuestras vidas.

Hazle saber a tu hijo que no esperas que llene el vacío del que se fue.

En una ocasión, le dijimos a Isaí:

—Tú eres el hijo que más amamos.

—Soy el único que les queda —nos respondió.

Entonces aprovechamos ese momento para contarle una historia de cuando él era un bebé. Yo estaba atenta a su respiración, y Elón me llamó la atención, diciéndome:

—Mírame a mí también, mami.

También le contamos otras anécdotas semejantes, lo que creo marcó el inicio de su restauración emocional.

- **Establecer límites razonables de comportamiento.**

Es importante encontrar un balance entre no ser demasiado protector ni por demás permisivo.

- **Pedir ayuda a un amigo o familiar cercano.**

Si el propio duelo no permite darles la atención y el cariño que necesitan, un ser querido puede ser de gran apoyo.

Ayudarte a ti mismo en el duelo

El dolor es inevitable, pero estas sugerencias pueden ayudarte a enfrentarlo de forma más llevadera:

- **Hablar frecuentemente sobre tu hijo y pronunciar su nombre.**

Hablar de Elón y mencionar su nombre me ayudó mucho a sobrellevar mi dolor. Han pasado casi veinte años y aún lo nombro todos los días. Aprendí a no llorar por su muerte, sino a agradecer a Dios por su vida y por el tiempo que lo tuve conmigo.

- **Pedir ayuda a familiares y amigos.**

Permíteles ayudarte con tareas del hogar, diligencias o el cuidado de tus otros hijos. Esto te dará tiempo para pensar, recordar y procesar tu duelo.

- **Tomarte tu tiempo para decidir qué hacer con las pertenencias de tu hijo.**

No te sientas presionado a empacar sus cosas ni a regalar sus juguetes o ropa. Nosotros nos tomamos el tiempo necesario para decidir a quién regalar las pertenencias de Elón. También guardamos algunas cosas para Isaí, ya que, al ser más pequeño, podíamos darle un buen uso.

- **Prepárate para responder preguntas difíciles o comentarios incómodos.**

Preguntas como «¿cuántos hijos tienes?» o comentarios como «al menos tienes otros hijos» pueden ser difíciles. Recuerda que, en la mayoría de los casos, no tienen la intención de herirte, simplemente no saben qué decir.

En mi caso, suelo responder: «Tuve dos hijos. Uno se llama Elón y está con Dios; el otro es Isaí y todavía está entre nosotros».

Esto me permite afirmar que ambos siempre serán nuestros hijos, más allá de que estén físicamente con nosotros o no.

- **Planifica cómo quieres pasar los días significativos.**

Fechas como el cumpleaños de tu hijo o el aniversario de su fallecimiento pueden ser emocionalmente desafiantes. Decide con anticipación cómo deseas afrontarlas.

En mi experiencia, suelo pasar el aniversario de la partida de Elón en aislamiento y, a veces, en ayuno. Pero no lo hago desde la depresión, sino desde la oración y la gratitud. Le agradezco a Dios por el tiempo que me concedió con mi hijo.

Cerca de su cumpleaños, nos reunirnos en el ministerio Familias con Esperanza. Hablaré más sobre este ministerio en el próximo capítulo.

- **Mantén viva su memoria.**

Puedes pasar estos días mirando fotos, compartiendo recuerdos o iniciando una tradición familiar, como plantar flores. Los expertos recomiendan estas prácticas porque son saludables y ayudan a mantener vivos los buenos recuerdos. Recordar lo bueno de quien ya no está es una forma de mantenerlo presente en tu vida.

- **Busca apoyo en un grupo de ayuda.**

El duelo parental es muy intenso y, a menudo, lleva al aislamiento. Por ello, puede ser beneficioso asistir a un grupo de apoyo donde puedas compartir tus experiencias con otros padres que han pasado por lo mismo. Ellos entenderán tu dolor. En nuestro caso, como familia, encontramos refugio reuniéndonos con otros padres que también han perdido hijos. Esta experiencia fue clave para nuestra sanación.

"Las huellas"

Una noche en sueño vi

Que con Jesús caminaba

Junto a la orilla del mar

Bajo una luna plateada

Soñé que veía en los cielos

Mi vida representada

En una serie de escenas

Que en silencio contemplaba

Dos pares de firmes huellas

En la arena iban quedando

Mientras con Jesús andaba

Como amigos conversando

Miraba atento esas huellas
Reflejadas en el cielo,
Pero algo extraño observé
Y sentí gran desconsuelo

Observé que algunas veces
Al reparar en las huellas
En vez de ver los dos pares
Veía sólo un par de ellas

Y observaba también yo
Que aquel solo par de huellas
Se observaban mayormente
En mis noches sin estrellas

En las horas de mi vida
Llenas de angustia y tristeza,
Cuando el alma necesita
Más consuelo y fortaleza

Pregunté triste a Jesús:

Señor, ¿tu nos has prometido

Que en mis noches sin estrellas

Siempre estarías conmigo?

Pero noto con tristeza

Que en medio de mis querellas,

Cuando más siento el sufrir,

Veo tan solo un par de huellas

¿Dónde están las otras dos,

Que indican tu compañía

Cuando la tormenta azota

Sin piedad la vida mía?

Y Jesús me contestó

Con ternura y compasión:

"Escucha bien, hijo mío,

Comprendo tu confusión:

Siempre te amé y te amaré

Y en tus horas de dolor

Siempre a tu lado estaré

Para mostrarte mi amor

Más, si ves solo dos huellas

En la arena al caminar

Y no ves las otras dos

Que se debieran notar

Es que en tu hora afligida

Cuando flaquean tus pasos

No hay huellas de tus pisadas

Porque te llevo en mis brazos".

Capítulo 4

CONVIRTIENDO NUESTRAS TRISTEZAS EN FORTALEZAS

La pérdida de un hijo marca un antes y un después en nuestras vidas. La tristeza puede envolvernos de tal manera que, a veces, ni siquiera la reconocemos. Con frecuencia, las circunstancias y las expectativas de los demás nos impiden expresar la profundidad de nuestro sufrimiento. Tras la partida de nuestro hijo Elón, enfrentamos un desafío aún mayor: la tristeza profunda de nuestro segundo hijo, Isaí. Una psicóloga nos dijo en aquella ocasión: «Ustedes tienen dos hijos muertos, uno físicamente y otro emocionalmente». Esa frase resonó en nuestras almas.

Para comenzar a transformar nuestras tristezas en fortalezas, primero necesitamos reconocer nuestra vulnerabilidad ante el dolor. Recuerdo uno de esos días en los que el dolor era tan intenso que sentí que no podría soportarlo más. Caí de rodillas clamando a Dios por paz y consuelo. En medio de mi sufrimiento, me volví muy estudiosa de la Palabra de Dios. Comencé a escribir cartas al Señor, derramando toda mi angustia y dolor en una libreta.

En una de esas interminables noches de desvelo, mientras pensaba cómo sería nuestra vida a partir de aquel momento, surgió en mi corazón la idea de escribir un libro que plasmara nuestra historia. Tal vez esto ayudaría a otros padres que estuvieran atravesando un dolor similar. Este libro fue escrito inicialmente por Isaí, mi esposo y yo. Posteriormente, al llegar a los Estados Unidos, trabajé en una segunda edición, que es esta que ahora estás leyendo. Te cuento esto porque compartir nuestro dolor con Dios y expresarlo por escrito fue fundamental en nuestro proceso de sanación.

Sé que, si acudes a Él y le confías tu tristeza, Él te escuchará y te comprenderá. Después de todo, Dios mismo experimentó el dolor de perder a su hijo en la cruz, Jesucristo, por amor a ti y a mí. Él nos entiende como nadie más puede hacerlo.

Es común compartir nuestra tristeza con personas que, aunque nos aman, no pueden comprender nuestro dolor. A mí me sucedió: confié mi historia a algunas personas con la esperanza de ser escuchada y comprendida, pero en muchos casos solo encontré expresiones de lástima o indiferencia. No los juzgo, porque simplemente no podían ponerse en mis zapatos.

Un llamado inesperado

Cerca del año 2004, poco después de perder a Elón, nos pidieron que consoláramos a otra familia que acababa de perder a su hijo de tres años. Nuestros amigos pensaban que nosotros, como padres que habíamos vivido la misma experiencia, podríamos ser una fuente de fortaleza. La verdad es que me sentía completamente desarmada. ¿Qué palabras podía ofrecerle a alguien que estaba experimentando un dolor tan profundo? La idea de enfrentar a otra madre en duelo me aterrorizaba. Me sentía como una hoja al viento, incapaz de encontrar las palabras adecuadas.

Cuando la primera persona vino a buscarme, simplemente le dije «no».

Se presentó una segunda persona, y aunque quise volver a negarme, pensé: «Tal vez el Señor quiere que vaya a hablar con ella». Entonces le propuse lo siguiente: «Vamos a tu casa. Si ella quiere hablar conmigo, estaré dispuesta; pero si prefiere su espacio, lo respetaremos». Para mi sorpresa, poco después ella misma me mando a buscar. No sabía qué decir, así que oré: «Señor, dame las palabras adecuadas para ayudar a esta joven».

Durante nuestra conversación, surgió una idea que cambiaría mi vida: formar un grupo de apoyo para madres que habían perdido a sus hijos. Le expliqué que nadie podría entender nuestro dolor como nosotras, ya que lo habíamos vivido en carne propia.

Al regresar a casa, mientras lloraba por mi hijo y por el suyo, mi esposo me dijo, con razón, que quizás no estaba lista para asumir ese compromiso. Sin embargo, con el tiempo comprendí que compartir mi dolor con otras madres sería la clave para convertir mi tristeza en fortaleza.

No fue hasta 2017 que di el primer paso para convertir mi dolor en esperanza. En ese año, organizamos la primera reunión de Mujeres con Esperanza en mi casa. Solo asistió Clara Vivian, una madre que había perdido a su única hija, Eliza, de veintitrés años.

La historia de Clara me conmovió profundamente. Al escuchar los detalles de la enfermedad de Eliza, no pude evitar recordar mi propia pérdida y llorar por Elón. Al finalizar su relato, Clara me dijo: «Yo pude hacer todo por mi hija, pero tú no pudiste hacer nada por el tuyo». Ambas comprendimos, en la misericordia de Dios, que ella tuvo la oportunidad de acompañar a su hija hasta el final, mientras que el Señor me libró a mí de ver a Elón sufrir.

Clara fue la primera en experimentar la sanación y la esperanza que ofrecía nuestro grupo. Al ver su transformación, su esposo, Ornel, quiso ser parte del proceso y comenzó a acompañarla a nuestras reuniones. Fue entonces cuando decidimos cambiar el nombre a Familias con Esperanza. De este modo incluíamos a todos aquellos que, como Ornel, buscaban apoyo y sanación. Hoy, Clara y Ornel son los líderes nacionales de nuestro movimiento en Cuba, abriendo puertas a nuevas familias en todo el país.

Toda la gloria sea para Dios por esta maravillosa obra.

Quiero compartir con ustedes otro testimonio conmovedor. Se trata del caso de Juanita y Guicho, una pareja muy querida por nosotros. Ellos tuvieron una sola hija. La niña nació sana, pero con el tiempo desarrolló graves problemas de salud. Llegó a no poder hablar ni caminar; no podía llevar una vida normal como los demás niños. Sus padres nunca tuvieron la dicha de escuchar las palabras mágicas «mamá» y «papá». Sin embargo, su amor por ella los hizo felices durante los trece años que la tuvieron. Después de perder a su hija, las palabras del *Salmo 32:3* resonaron profundamente en sus corazones: *«Mientras callé, se envejecieron mis huesos en mi gemir todo el día».*

El silencio de quienes los rodeaban agravó aún más su dolor. Sin embargo, al llegar a Familias con Esperanza, encontraron un espacio seguro donde fueron escuchados y pudieron compartir sus experiencias. Al hacerlo, fortalecieron su fe y se convirtieron en un consuelo para otros. Nuestros queridos hermanos nos contaron que los abrazos que nunca pudieron recibir de su hija, los encontraron en nuestra agrupación.

Hoy, Juanita y Guicho lideran Familias con Esperanza en Baire, Cuba. Han convertido su prueba en una plataforma de ayuda para otras personas que aún no han sido restauradas.

Otra historia conmovedora es la de Marta, una mujer que, tras años de anhelar un hijo, finalmente pudo abrazar a su pequeña. Desafortunadamente, una tragedia truncó su vida a los quince años. Marta se enteró de la existencia del grupo Familias con Esperanza y vino a vernos. Nunca presionamos a las personas para que compartan sus historias hasta que estén listas, y pasó mucho tiempo antes de que nuestra querida Marta pudiera compartir su experiencia. Ella tuvo que abandonar el pueblo donde vivía porque era muy doloroso para ella y su esposo seguir allí. Después de muchos años, regresó a Baire, no para llorar la muerte de su hija, sino para ayudar a consolar a otros.

Hoy es líder en otra parte de Cuba, Sibanicu, y también en Camagüey.

Gisela, una madre que había perdido a su hijo en un accidente, llegó a nuestro grupo desconsolada. Compartimos su dolor y lloramos juntos. En un momento de profunda tristeza, Gisela expresó: «Estoy haciendo un agujero aquí y enterraré mi tristeza». Después, cuando ya estábamos más cómodos, le dije: «¿Por qué no hiciste ese hoyo en la calle?». Todos nos reímos, pero ese fue el comienzo de una restauración. En la actualidad, Gisela es una líder incansable en Bayamo y Victorino, demostrando que incluso en los momentos más oscuros podemos encontrar la luz y la esperanza.

La historia de Dianelis nos recuerda que el dolor de perder a un hijo, sin importar su edad, es una herida profunda difícil de sanar. Su primer hijo había muerto siendo muy pequeño; pero para una madre esto no importa, porque siempre se trata de nuestros hijos. Dianelis llegó muy triste a nuestro grupo, cargando a su segundo hijo en brazos, pero aún sin sanar la despedida del anterior. Todos la abrazamos y lloramos con ella. Después de un tiempo de asistir al grupo, le preguntamos qué significaba para ella Familias con Esperanza.

Dianelis respondió:

«Cuando llegué pensé que nunca podría volver a reír, pero gracias a Dios hoy puedo hacerlo libremente».

Podría seguir compartiendo innumerables historias de dolor y sanación, pero creo que lo más importante es reconocer que cada una de estas experiencias es única y valiosa. Al compartir nuestras historias, no solo encontramos consuelo, sino que también inspiramos a otros a encontrar su propio camino hacia la sanación. Y es en este espíritu de solidaridad que quiero hablarte ahora sobre algo que ha sido fundamental en nuestra sanación: nuestra fe en Jesucristo.

Si te das cuenta, todos tenemos un denominador común: el mismo dolor y la búsqueda de una solución a nuestra tristeza. Me gustaría decirte que hay algo mágico en todo esto, pero no es así. Personas como yo hemos encontrado consuelo y fortaleza en Jesucristo. Le hemos entregado nuestros miedos y nuestros fracasos. Tal vez te estés preguntando «¿por qué los fracasos?». Bueno, después de la muerte de tu hijo, quizá sientas que has fracasado como padre, que no has hecho lo suficiente por él. Pero quiero decirte algo: incluso si lo tuvieras entre tus brazos, aun así te dejaría. No tenemos poder sobre la vida o la muerte; eso le pertenece a Dios. Sin embargo, en medio de nuestro dolor, hemos descubierto un tesoro invaluable: la esperanza. Sé que no estamos preparados para despedirnos de nuestros hijos, pero no podemos cambiar la situación. Sin embargo, sí podemos pensar y hacernos algunas preguntas, por ejemplo: «¿tengo vida?», que no es lo mismo que simplemente existir. En este sentido, tengo buenas noticias para ti. La Biblia dice: «El ladrón sólo viene a hurtar, matar y destruir; yo he venido para que tengan vida y la tengan en abundancia». Él puede devolvernos la vida que el enemigo de nuestras almas nos ha robado: la alegría y la paz son tesoros preciosos que el Señor quiere devolverlos, junto con el deseo de seguir viviendo. Y es en esta esperanza que encontramos la fuerza para seguir adelante, reconstruir nuestras vidas y encontrar un nuevo propósito.

La otra pregunta es «¿qué quiero hacer ante la muerte física de mi hijo: recordar la experiencia de la separación o agradecer a Dios por el tiempo y la bendición de haberlo tenido a mi lado?». Yo elegí la segunda opción. Doy gracias a Dios por la vida de Elón en nuestras vidas; él me hizo madre, y a mi esposo, padre. Aunque hubiera sido solo por un día, habría valido la pena. Cada momento a su lado fue un regalo, un tesoro que guardaremos siempre en nuestros corazones.

Puedo entender que, muchas veces, te sientas sin fuerzas y sin deseos de seguir adelante. Hay momentos en los que pareciera que tu corazón está hecho pedazos. Sin embargo, ese es el instante preciso para entregar todos esos pedazos rotos al único que puede volver a unirlos: Dios.

Cuando pienso en esto, recuerdo una dinámica que realizamos en el grupo. Le pedí al hermano Pablo que preparara un rompecabezas en forma de corazón con muchas piezas. Luego de presentarlo al grupo, nos dimos cinco minutos para armarlo entre todos. Como era de esperarse, no lo logramos; era muy difícil y las piezas eran demasiadas. En el siguiente encuentro, el hermano Pablo presentó el rompecabezas ya armado.

Al mostrarlo, expliqué: «Solo la persona que lo creó pudo volver a unirlo».

Así ocurre con nuestros corazones rotos. Solo Él, el gran Artista de la vida, puede tomar nuestros pedazos y crear una obra de arte, aunque queden las grietas.

Una carta de amor de Dios

Después de la partida de Elón, encontramos en su Biblia varios versículos que, en ese momento, fueron como una carta de amor de Dios para nosotros. Uno de ellos decía:

«Y la paz de Dios, que sobrepasa todo entendimiento, guardará vuestros corazones y vuestros pensamientos en Cristo Jesús»

(Filipenses 4:7, RVR 1960).

Quiero que notes algo importante: en este versículo, Dios menciona dos partes esenciales:

- El corazón, donde sentimos el dolor.

- Los pensamientos, donde se libra una batalla constante.

En mis momentos de duelo más intenso, le decía a Dios:

«Papá, duele, a tu hija Tahimy le duele demasiado».

Y algo increíble sucedía: su paz y su consuelo llegaban a mi vida. Era como si Dios, conociendo la profundidad de mi dolor, me susurrara: *«Hija, yo estoy contigo, y mi paz te envolverá».*

Si le permites a Dios acercarse a tu dolor, esa paz también llegará a tu vida.

Otra de las perlas preciosas que encontramos entre las cosas de Elón fue este versículo:

«En Jesucristo somos más que vencedores»

(Romanos 8:37, RVR 1960).

No podemos vencer la angustia, el dolor o el tormento de la separación con nuestras propias fuerzas. Por eso, Jesús nos recuerda que solo en Él somos más que vencedores. Este versículo se convirtió en nuestro escudo y en nuestra espada en la batalla contra el dolor.

Un sueño revelador

Antes de la muerte de nuestro hijo, tuve un sueño revelador. Me encontraba en un pasillo entre la casa y la cerca, con varios perros encima de mí. Al mirarlos con detenimiento, comprendí que no eran simples animales, sino demonios.

En medio de la lucha, alguien me entregó una espada que sostuve con firmeza. Me veía levantándola tan alto que llegaba al cielo. Entonces grité con todas mis fuerzas: «¡En Jesucristo somos más que vencedores!».

En ese instante, todos los animales salieron huyendo, y un ejército de ángeles apareció delante de mí. De inmediato, unimos nuestras voces y comenzamos a cantar:

«¡En Jesucristo somos más que vencedores!».

Me desperté con una mezcla de emociones. Nunca antes había soñado con ángeles ni con demonios. Pero ese sueño me confirmó que Dios nos da las herramientas necesarias para vencer en cualquier batalla, por grande que parezca.

Cuando encontré Romanos 8:37 subrayado en su Biblia, comprendí que la multitud de ángeles en el sueño representaba las personas que habían estado orando por nosotros. Fue en esta ocasion que el Señor me demostró el poder transformador de la oración. Entendí que esas oraciones ascendían como un clamor al cielo, y que Dios, en su infinita misericordia, había respondido a ellas.

Después de haber compartido nuestra experiencia y recorrido este camino de dolor y sanación, queremos dejarte algunas reflexiones que esperamos te sirvan de guía:

- **Agradecimiento y esperanza**: agradece a Dios por el tiempo compartido con tu hijo y por la oportunidad de haber sido su padre o madre. La fe es un pilar fundamental en este proceso de duelo, ya que nos brinda esperanza para el futuro.

- **Conexión y solidaridad**: busca apoyo en comunidades de duelo o en personas que hayan pasado por experiencias similares. Compartir tus sentimientos y experiencias te ayudará a sentirte menos solo y a encontrar consuelo en la conexión con otros.

- **Compartir y sanar**: no tengas miedo de contar tu historia. Al compartir tu dolor, puedes ayudar a otros a sentirse comprendidos y a encontrar su propio camino hacia la sanación. Recuerda: al dar, también recibimos.

- **Perdonar y seguir adelante**: si sientes que has fallado en algún aspecto, pide perdón a Dios y perdonate a ti mismo. El perdón es liberador y te permitirá avanzar en tu proceso de sanación.

- **Aprender a vivir con el dolor**: el dolor es una parte inevitable de la vida, pero podemos aprender a vivir con él de una forma más saludable. Convertir el dolor en una fuerza motriz para ayudar a otros puede ser una forma de darle un nuevo significado.

- **Buscar ayuda**: no dudes en buscar ayuda profesional, familiar o espiritual. Dios está cerca de los quebrantados de corazón y puede brindarte el consuelo que necesitas.

- **Dar un propósito al dolor**: pregúntale a Dios cómo puedes honrar la memoria de tu hijo y ayudar a otros a través de tu experiencia. Tu dolor puede convertirse en una fuerza de cambio positivo en el mundo.

- **Canalizar el dolor en amor**: utiliza tu dolor para amar a los demás. El mundo necesita más amor y compasión, y tú puedes ser un instrumento de Dios para llevar esa luz a otros.

Recuerda lo siguiente:

- La fe en Dios es un bálsamo para el alma.

- La comunidad es un refugio seguro. No aislarse

- Compartir tu historia es un acto de valentía y amor.

- El perdón te libera.

- El dolor puede transformarse en propósito.

- El amor es la respuesta a todo.

- Tu experiencia puede ser una fuente de inspiración y esperanza para muchas personas.

No dudes en compartir tu historia y en buscar el apoyo que necesitas.

«Cercano está Jehová a los quebrantados de corazón; y salva a los contritos de espíritu».

Salmos 34:18

Un ángel prestado

Un 18 de marzo

se escuchó desde el cielo

a un ángel cantar.

Su voz era tan dulce

que con nada se podía comparar.

En la tierra, todos se preguntan:

«¿Y ese sonido, de dónde vendrá?».

Sólo una persona responde:

«Ese soy yo, querida mamá».

Su madre, emocionada,

no sabe si reír o llorar,

y a Dios le da las gracias

por tan inmensa bondad.

Los días pasan volando,

unos vienen y otros van,

y en una casa pequeña

reina la armonía y la felicidad.

«¿Quién vivirá en esa casita

con tanta humildad?

¿Será que un ángel bajó del cielo

para en ella morar?».

Hace a todos tan felices,

pero lo difícil llega al marchar.

Tal vez la familia entera

se echará a llorar.

Las despedidas son tristes,

y ésta más dura que las demás,

porque el ángel volvió al cielo

y no se pudo evitar.

Solo un consuelo les queda:

a su hogar podrán llegar

para estar otra vez unidos

por toda la eternidad.

En el cielo no sabemos

qué otro nombre Jesús le pondrá,

pero sí sé que en la tierra,

Elón, Elón, por siempre será.

Bibliografía

BBC Mundo. (2018, abril 26). Cuáles son las 5 fases del duelo y por qué no es algo que necesariamente tienes que dejar atrás. BBC News Mundo. Recuperado de https://www.bbc.com

American Society of Clinical Oncology. (2019, septiembre 13). Duelo por la pérdida de un hijo. Cancer.Net. Recuperado de https://www.cancer.net

Asistea, Grupo ASISTEA. (2019, octubre 29). Las fases del duelo por la muerte de un ser querido. ASISTEA. Recuperado de https://www.asistea.com

Sociedades Bíblicas Unidas. (1960). Santa Biblia, Reina-Valera 1960. Madrid: Sociedades Bíblicas Unidas.

Sociedades Bíblicas Unidas. (2011). Santa Biblia, Nueva Versión Internacional. Miami: Sociedades Bíblicas Unidas.

Schwiebert, P., & DeKlyen, C. (n.d.). Sopa de lágrimas: Receta para sanar después de una pérdida.

Made in the USA
Columbia, SC
09 February 2025

53181846R00070